Loriot's Kleine Hausbibliothek

Nimm's leicht!

*Eine ebenso ernsthafte
wie nützliche Betrachtung
in Wort und Bild
von*

Loriot

Diogenes

Die Erstausgabe erschien 1963
im Diogenes Verlag

Inhalt

3. »In Familie und Freundeskreis«

Unannehmlichkeiten...

Zum Geleit

Schon bei flüchtigem Durchblättern dieses Bildbandes wird der Betrachter auf Darstellungen stoßen, die ihm seltsam vertraut sind. Das ist kein Zufall. Ich hatte mir zur Aufgabe gemacht, jenen Vorkommnissen nachzuspüren, die zwar zum Alltag jedes normalen Menschen gehören, aber doch meist als Unannehmlichkeiten empfunden werden.

Das erste Blatt, ein Knoten im linken Bundesbahngeleis zwischen Celle und Lüneburg, beleuchtet einen ärgerlichen Zwischenfall, der, obwohl ungewöhnlich anmutend, fast täglich zur Verstimmung westdeutscher Streckenwärter führt. Der amtlicherseits geäußerte Verdacht, daß spielende Kinder die harmlose Ursache für dergleichen Unregelmäßigkeiten bilden, ändert nichts an der Auswirkung dieser Umstände auf die seelische Ausgeglichenheit des betroffenen Streckenwärters. Auch alle folgenden Beispiele sind aus dem Leben gegriffen und aus einem Personenkreis, der für westdeutsche Verhältnisse als repräsentativ angesehen werden kann.

Die Weinbrennerei Scharlachberg hatte die große Bedeutung des kleinen Mißgeschickes für den

Gemütszustand erkannt und gab mit dem durch-
dachten Rat »nimm's leicht – nimm Scharlach-
berg« jedermann ein Mittel in die Hand, ein-
facher bis mittlerer Verstimmungen mühelos
Herr zu werden. Die bildliche Darstellung des in
Frage kommenden Unbills blieb mir überlassen.
Das Ergebnis zweijähriger, fleißiger Arbeit liegt
vor Ihnen. Ich habe streng darauf geachtet, nur
solche Situationen zu schildern, die wegen der
Häufigkeit ihres Auftretens einer Darstellung
würdig sind. Sollte es dem einen oder anderen
aufmerksamen Betrachter scheinen, als habe man
gerade seine persönlichen Unannehmlichkeiten
nicht genügend berücksichtigt, darf ich ihn eben-
so freundlich wie dringend bitten, es leicht zu
nehmen.

Hochachtungsvoll

LORIOT

Gauting, im Herbst 1962

1

IN BERUF
UND
FREIZEIT

beruflich

Der nebenstehende Wirsingkohl ent-
wickelte sich rasch, besuchte die hö-
here Schule, ging nach dem Studium
alter und neuer Sprachen ins Aus-
land, ist zur Zeit im diplomatischen
Dienst und hört auf den Namen Karl-
Heinz.

20

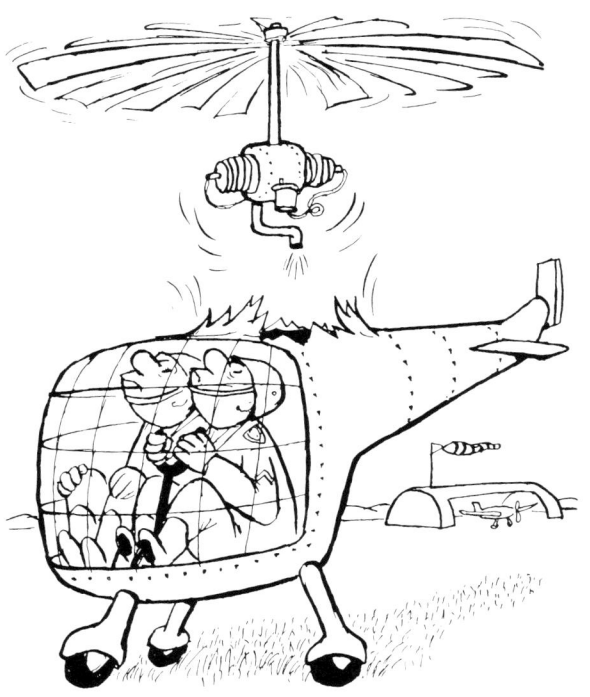

bei Sport und Spiel

Freunde des Rennsportes werden sich erinnern, daß Jockey G. Lutze im Großen Preis von Bingen 1961 den Hengst Rokoko aus dem Gestüt Ulmenhorst trotz hoher Wetten nicht ans Ziel brachte.

Diese niedersächsische Sau durch-
eilte, einmal gereizt, die Lüneburger
Heide, bog auf der Höhe von Soltau
in die Autobahn ein und wurde erst
kurz vor Basel durch eine Verkehrs-
streife wegen Überschreiten der
Höchstgeschwindigkeit zum Halten
gezwungen.

2

ZU WASSER,
ZU LANDE,
IN DER LUFT

auf der Straße

in Verkehrsmitteln

3

IN FAMILIE
UND
FREUNDESKREIS

auswärts

Gegen 22 Uhr 30 erinnerte sich Herr
Eberhard C. Mendelsohn, den Anzug
schon morgens angelegt und tags-
über nicht mehr korrigiert zu haben.

daheim

Brandmeister Dröge versichert, diese Darbietung in dringenden Fällen auch mit zwei Bällen zeigen zu können, vorausgesetzt, daß ihm zwei Schläuche zur Verfügung gestellt werden.

Frau Emmi W. berichtet, daß seit dem 26. Februar 1962 der Nordatlantik durch ihr Zimmer fließe und ein cremefarbenes Sofa aus dem Besitz ihrer Eltern unbenutzbar mache.

Wenn Sie das vorliegende Buch ungern gelesen haben, werden Ihnen diese auch nicht so recht gefallen.

80 Seiten

»Aufgrund des zunehmenden moralischen und menschlichen Versagens unserer Gesellschaft erscheint es uns unerläßlich, jene seltenen Menschen herauszustellen, die besonders unserer Jugend Halt und Vorbild sein können.« Als da sind: Oberkellner Edgar P., Kleingärtner Bernhard B., Politesse Irma B., Mörder Claus H. und viele andere.

Der gute Ton

*Das Handbuch feiner Lebensart
in Wort und Bild von*

Loriot

Diogenes

Mit einem Vorwort des Autors und vielen Illustrationen
96 Seiten

»Von Knigge bis Pappritz gibt es viele Bücher über den guten Benimm, doch selten eins, das so treffsicher, mit einer so hintergründigen Ironie die brüchigen Stellen der gesellschaftlichen Konvenienz anpeilt wie Loriots ›Guter Ton‹.«